YA BASTA

THIERRY CROUZET

YA BASTA

J'écris « nous » en songeant à mes amis.
Ce « nous » n'engage que moi.
C'est un appel à d'autres « moi »,
à d'autres amis.
Seul, je ne peux rien.

•

Y'en a marre

Y'en a marre de vénérer les tout-puissants
Y'en a marre de voter pour des impuissants
Y'en a marre des indignés babas cool
Y'en a marre des idéologies old school
Y'en a marre de nommer des porte-parole
Y'en a marre des assemblées générales
Y'en a marre qu'ils décident pour nous
Y'en a marre qu'ils nous traitent de fous
Y'en a marre de passer pour des arriérés
Y'en a marre de travailler pour les banquiers
Y'en a marre de se contenter de crier
Y'en a marre d'étudier sans travailler
Y'en a marre de la volonté de contrôle
Y'en a marre de la rareté pas drôle
Y'en a marre de consommer stupidement
Y'en a marre de croire aveuglément
...

••

Avant-propos

En 2011, à la suite du printemps arabe, les indignés Espagnols criaient « Ya Basta », c'était un cri contre l'ancien monde des autocrates et un appel à des alliances non partisanes et surtout populaires. Plus question de défiler dans les rues pour simplement clamer son désaccord contre telle ou telle mesure instituée par les autocrates, il était temps de se réunir pour penser l'avenir et le construire sans tarder, selon une perspective non inféodée à la finance et à la croissance insoutenable. La place publique est devenue le point de ralliement, un forum, une bibliothèque, une cantine, une base, sans que l'importance de ce choix soit mesurée par les forces politiques traditionnelles.

En 2016, le mouvement renaît en France sous le nom #NuitDebout et la compréhension n'est toujours pas là. J'ai entendu à la radio le préfet de Paris lancer un appel aux organisateurs du mouvement. Comment lui dire que son appel n'a aucun sens ? Nous sommes tous les organisateurs de notre vie. Voilà ce qui a changé de façon désormais irréversible, voilà pourquoi nous devons nous rassembler et discuter, et non simplement défiler derrière des slogans prémâchés par des idéologues.

À la télévision, l'ancien ministre Bruno Lemaire lance aux #NuitDebout : « Plutôt que palabrer la nuit, rejoignez les partis. » La fracture politique se creuse entre ceux qui pensent partis ou syndicats, organisés du haut vers le bas suivant une logique pyramidale et ceux qui pensent coopération et transversalité. Les premiers croient encore aux vertus du « Tous pour un », le « un » étant leur leader… ; les seconds croient au « Tous pour tous », chacun avec ses compétences, ses envies, ses passions. Nous ne voulons plus amener quelqu'un au pouvoir, pour qu'il nous impose sa volonté et nous trahisse tôt ou tard. Nous avons fini de rêver au sauveur et commençons à rêver à notre propre destin.

Le même phénomène se répète avec les Gilets Jaunes à l'automne 2018. Et cela ne cessera pas de se répéter parce que notre monde a atteint un niveau de complexité qui rend de nouvelle formes d'organisations sociales inévitables.

1

Y'en a marre de vénérer les tout-puissants

Pauvreté. Injustice. Inégalité. Le jeune marchand ambulant Mohamed Bouazizi n'a plus la force de vivre dans un monde qui n'offre aucune perspective heureuse. Le 17 décembre 2010, il s'arrose d'essence et s'immole. Les jours suivants, les Tunisiens se soulèvent contre la dictature.

Leur mot d'ordre : « Ben Ali, dégage ! »

Ils n'ont pas de leader, d'organisation, de parti. Par eux-mêmes, en eux-mêmes, depuis les tréfonds de leur société, ils se battent pour reconquérir leur dignité.

Le mouvement jaillit de millions de graines éparpillées dans le sol. Elles germent ensemble, parce que le moment est venu.

Jusque-là, des chefs souvent autodésignés pensaient et préparaient la révolution. Ils s'appuyaient sur des idéologies comprises de tous. Même les anarchistes espagnols en 1936 savaient ce qu'ils feraient une fois à la tête de la Catalogne : exproprier les riches.

Rien de comparable ne s'est produit en Tunisie en 2010. Le peuple a manifesté son ras-le-bol. Dans *Le traité politique*, Spinoza évoque cette force interne à la foule, capable de renverser spontanément tous les pouvoirs :

« Ce droit que définit la puissance de la multitude, on l'appelle généralement souveraineté. [...] S'il existe une souveraineté absolue, c'est bien celle que détient la multitude entière. »

Selon Spinoza, le désir serait l'essence de l'homme, notamment le désir de « persévérer dans son être ». Un dictateur peut tout nous retirer, sauf ce désir de vivre encore et encore. Alors chacun de nous devient semblable aux autres et ensemble, unis par notre désir, nous formons une multitude. Nous agissons comme un seul être. Aucune idéologie ou revendication ne nous anime, sinon la volonté de persévérer dans l'être.

Électrisés par ce désir, les Tunisiens ont inventé un nouveau modèle révolutionnaire, un modèle non pyramidal, un modèle en réseau où chacun des individus joue d'égal à égal. Ils ont dit non à une société qui n'avait plus d'avenir.

« Dégage ! »

Alors que depuis plusieurs décennies, en Occident, on croyait que le monde arabe voulait nous ramener à la barbarie, nous le voyons entrer en éclaireur dans le troisième millénaire, armé d'une possibilité politique inédite : l'*auto-organisation*, une forme effectivement de barbarie pour les tenants de l'ancienne logique pyramidale.

Si la légende fait débuter la Première Guerre mondiale avec l'assassinat de l'archiduc Ferdinand, l'avènement de l'auto-organisation résonnera avec le sacrifice de Mohamed Bouazizi, un marchand ambulant dont les légumes ont été confisqués par des fonctionnaires corrompus. Un symbole! Dans un monde dominé par les structures de pouvoir, la mort d'un puissant chamboule l'histoire: l'assassinat à Sarajevo de l'archiduc François-Ferdinand en 1914[1]. Dans notre monde désormais auto-organisé, la mort d'un anonyme grain de sable provoque l'écroulement des dernières pyramides. Le centre de gravité de l'humanité s'est déplacé.

---

[1]   Ainsi, à notre époque dominée par la complexité, l'assassinat de Ben Laden est sans conséquence planétaire.

2

Y'en a marre de voter pour des impuissants

Harrison C. White, le sociologue des réseaux, écrit dans *Identité et contrôle* :

« Chacun d'entre nous a expérimenté à quel point il est difficile d'orienter jusqu'à la plus petite organisation sociale dans une direction donnée. »

Tout parent s'en rend vite compte. Tout chef d'entreprise. Tout manager. Plus la société se complexifie, plus son pilotage pose problème. Depuis que nous sommes des milliards armés avec les technologies de pointe, nous avons franchi le point critique à partir duquel le pilotage est impossible[2].

---

2   La complexité dépend du nombre de liens entre chacun de nous, du volume des échanges sur ces liens, des feedbacks qui empêchent de parler en termes de cause et d'effet… On peut cartographier le graphe social pour avoir une idée du niveau de complexité. On peut aussi la révéler sous forme de courbes de puissance. Les seuils sont difficiles à quantifier, mais par expérience on constate qu'à un moment donné certains modèles ne fonctionnent plus. Dans cette situation, les entreprises les plus lucides se subdivisent en entités plus petites.

Incapacité endémique à réduire le chômage, à s'attaquer réellement aux dérèglements climatiques, à basculer vers les énergies renouvelables, à stabiliser l'économie, à réduire l'écart entre les riches et les pauvres, à offrir une vie décente à des milliards d'entre nous, à mettre de la nourriture non polluée dans nos assiettes, à préserver les biens communs, à favoriser la création, à réveiller notre enthousiasme pour des lendemains meilleurs... Nous prenons dans la gueule la *sphère d'incompétence des gouvernements*. Les élus et les divers dirigeants ne tiennent presque jamais leurs promesses non par mauvaise foi, mais parce qu'ils contrôlent avec de plus en plus de difficulté une société qui se complexifie.

Comment d'ailleurs le pourraient-ils puisqu'ils perdent souvent le contrôle d'eux-mêmes, l'être humain étant un système complexe parmi les plus complexes ? Agression sexuelle, corruption, népotisme, favoritisme, narcissisme... aucun des travers humains n'épargne les puissants[3]. Ils ne nous surpassent pas. Ils nous ressemblent et le stress finit par les terrasser. Quand nous postulons la nécessité des dirigeants, nous oublions leur nécessaire faiblesse, et bientôt impuissance.

Espérer qu'un autre homme ou qu'une autre femme réussisse là où leurs prédécesseurs ont échoué est illusoire. Nous sommes les seuls faiseurs de miracles. Personne ne peut nous rendre heureux à notre place. Si nous voulons que le monde change, nous devons le

---

3   En 2011, l'affaire du viol perpétrée par DSK n'était qu'une affaire de plus, suivie par bien d'autres.

changer nous-mêmes. En nous auto-organisant, c'est-à-dire en le pilotant de l'intérieur, en chacun de ses points, et non plus depuis un centre de contrôle dépassé.

Deux situations appellent l'auto-organisation.

1/ Quand, comme en Tunisie, la multitude n'a plus que la force de persévérer dans son être.

2/ Quand la complexité interdit le pilotage coercitif.

La première situation, née d'un ras-le-bol absolu, risque à tout moment de dégénérer. Très vite, après les premières victoires, quelques privilégiés se détachent de la multitude qui peu à peu se fractionne. La révolution s'étiole. Les vieux travers reprennent le dessus.

Dans la seconde situation, au contraire, la complexité s'installe pour durer, car aucun potentat ne peut du jour au lendemain épurer sa population ou la priver des dernières technologies (ce qui provoquerait une catastrophe : plus de transports, d'échanges économiques, de soins hospitaliers…).

Dans une phase initiale, avant d'imposer l'auto-organisation, la complexité joue un rôle déstabilisant. Elle complique l'exercice du pouvoir, brouille l'avenir, détruit les perspectives de carrières, casse les cadres conformistes, efface les frontières, perturbe les habitudes, bouleverse les valeurs traditionnelles, favorise l'égoïsme des uns et amplifie les inégalités. Des plus nantis aux plus miséreux, tout le monde se retrouve perdu, désillusionné, avec pour seul bien le désir de persévérer dans l'être. Alors la multitude puise à cette source l'énergie nécessaire à une transition de régime.

Quand l'exaspération rencontre la complexité, nous obtenons un cocktail détonant !

3

Y'en a marre
des indignés baba cool

Nous nous indignons d'un état de fait, le manque de perspective de la société, mais aussi, presque aussitôt, nous nous indignons contre ceux qui nous semblent encore capables d'influer sur cette société. En nous indignant, nous leur lançons un appel. Nous leur laissons croire que nous avons besoin d'eux et nous les renforçons dans leur position.

L'indignation, au-delà d'un bref cri de révolte et de rassemblement, ne nourrit pas un mouvement de rénovation. Simple constat, elle ne nous montre pour seul chemin que le stupide « Dégage que je prenne ta place. »

L'indignation spontanée ne conteste pas la structure sociale, elle exige de l'attention, une preuve d'amour. Cette ferveur revendicative recèle un vestige des vieilles croyances magiques : comme si la divinité pouvait nous venir en aide. Nos gouvernants et nos représentants ne vivent pas en compagnie des Dieux de l'Olympe. Ne les implorons plus, ne les nourrissons plus de nos prières. Ils ne nous porteront pas secours. Agissons par nous-mêmes, rassemblons-nous, interconnectons-nous, parlons-nous. Place à l'action plutôt qu'aux récriminations.

En nous répandant au centre des villes, en marchant en rangs serrés comme les soldats d'une armée disciplinée, parfois en jetant quelques pavés à la figure des flics, en confondant Marx et Bakounine, en constatant sans fin l'état de malheur de notre monde nous ne lui inventerons pas un avenir vivable.

L'indigné ne veut au fond rien changer. Il regrette le passé. Il a peur de l'avenir. C'est un conservateur. Il s'oppose à la révolution. Il s'en revendique pour la salir. Il s'entoure de tous les paumés, de tous les soiffards, de tous les crados pour éloigner les hommes et les femmes qui, encore dans la société, et qui ne la supportant plus, ont réellement envie de la transformer.

Les zonards ont renoncé à se battre. Ils ont déjà jeté les armes. Ne les mettons pas en avant avec leurs chiens galeux pour prouver le pourrissement ambiant. Nous ne leur redonnerons espoir que si les optimistes se rassemblent. La réinvention de la société débute par l'indignation, mais elle ne perdure que par la construction d'autres mondes, construction qui ne peut que débuter au cœur même de l'espace public.

4

Y'en a marre
des idéologies old school

Nous sommes comme des points mathématiques qui voudraient s'évader de leur dimension d'origine. S'ils sortent de la droite, ils tombent dans un plan. S'ils sortent du plan, il tombe dans un espace 3D. Quelles que soient les idéologies que nous quittons, nous en adoptons d'autres. Nous ne pouvons vivre sans idéologie.

Quand nous disons que nous n'avons pas d'idéologie, nous rejetons de fait les idéologies existantes. Nous refusons les règles figées au profit d'une pensée plus dynamique, plus réactive, plus à l'écoute des circonstances. C'est une idéologie de la souplesse.

Depuis la transition néolithique, passage du nomadisme au sédentarisme, nous dépendons de régimes pyramidaux. Des chefs, placés au-dessus de la masse indistincte, nous commandent et nous contrôlent. Tant que le monde était simple, cette organisation fonctionnait pour le meilleur et, surtout, pour le pire.

Le socialisme, le libéralisme, le marxisme, le communisme... toutes ces doctrines ont accepté *le commander et contrôler* qui leur servait d'idéologie tutélaire [4].

---

4 Idéologie formulée par Thomas Hobbes en 1651. Elle pos-

Regardons l'autogestion. Elle promettait l'égalité aux ouvriers. Copropriétaires de l'outil de production, ils se partagèrent les actions, mais bien souvent ils ne changèrent pas l'organisation. Certains parmi eux devinrent chefs, d'autres sous-chefs. Ils restèrent accrochés au modèle pyramidal.

Changer les têtes sans changer le mode d'organisation ne change rien.

L'auto-organisation s'oppose directement au commander et contrôler. Elle en conteste l'universalité, *sans pour autant en nier l'utilité dans les situations où la complexité reste faible ou modérée*[5]. Pour longtemps encore, les enfants auront besoin de l'accompagnement de leurs parents. Le 100 % auto-organisation n'est pas un objectif. Il existera toujours des îlots de relative simplicité où le mode pyramidal s'imposera (et où certaines personnes assumeront les responsabilités au nom des autres).

---

tule que la plupart des hommes sont incapables de se gérer eux-mêmes. Pour ne pas laisser les organisations partir dans des directions imprévues, quelqu'un doit être aux commandes, le manager.

5   Une entreprise familiale ou de petite taille, qui travaille dans un domaine bien circonscrit, peu susceptible de brusques bouleversements, peut rester fidèle au modèle pyramidal. Un maçon qui connaît parfaitement son travail peut commander et contrôler ses employés pour les aider à accomplir plus efficacement leurs tâches. D'une manière générale, l'organisation pyramidale convient quand on a bien compris un problème et qu'on sait le résoudre a priori.

Comme attirées par la gravité, les structures sociales versent vers l'organisation optimale au regard de la complexité du réseau social.

Faible démographie, autarcie, simplicité... mènent presque inexorablement à la dictature (dans ces conditions, les autres modèles ne survivent pas longtemps). Régime politique de la plupart des entreprises (dictatures au mieux éclairées).

Démographie moyenne, commerce international, complexité intermédiaire... nous approchent de la démocratie représentative (niveau atteint par l'Occident au cours de la révolution industrielle).

Démographie forte, interdépendance massive (notamment grâce à un réseau de communication lui-même auto-organisé), complexité exponentielle... constituent le bon cocktail pour l'auto-organisation et le développement de l'intelligence collective.

Au XIXe siècle, les premiers anarchistes militaient pour l'auto-organisation. Le moment n'étant pas venu pour les modalités politiques auxquelles ils aspiraient, on les a traités de terroristes. Aujourd'hui, si nous souhaitons développer l'auto-organisation, nous sommes pragmatiques.

L'auto-organisation peut servir d'idéologie tutélaire à un ensemble de nouvelles doctrines où les notions de gauche et de droite s'estompent, mais ne disparaissent pas. L'auto-organisation de gauche favoriserait le développement de structures d'entraide, chacun de nous participant tour à tour à la marche de l'État (exemple : militance pour la neutralité du Net[6]), l'auto-organisation

---

6   Les fournisseurs d'accès et les opérateurs traitent équitable-

de droite favoriserait le développement technologique et l'accomplissement des utopies individuelles (exemple : militance pour la gestion discriminatoire du trafic internet[7]).

Dans tous les cas, les idéologies sous-tendant l'auto-organisation seront elles-mêmes auto-organisées, changeantes, évolutives, nulle part gravées dans le marbre.

---

ment tous leurs abonnés et toutes les sources.

[7]   Les fournisseurs d'accès et les opérateurs proposent des accès qui favorisent certains abonnées et certaines sources.

5

Y'en a marre de nommer des porte-parole

Dans un groupe auto-organisé, les liens hiérarchiques disparaissent au profit des liens transversaux. Le réseau décentralisé se substitue à la pyramide. Si un membre du groupe parle au nom des autres, il se place implicitement au-dessus d'eux. C'est le début de la fin.

Nous ne pouvons parler qu'en notre nom. Nous devons dire «je», ou «nous» de manière métaphorique (un «nous» qui n'engage que le locuteur). Ne recherchons plus l'assentiment des autres. Vouloir être tous d'accord, c'est se diriger droit vers la dictature. Se satisfaire de la majorité, c'est laisser mourir les meilleures idées.

Les paroles se rencontrent, s'enlacent, s'aiment et produisent éventuellement une musique commune. Tant que l'harmonie n'est pas atteinte, poursuivons le dialogue. Attention: l'harmonie nécessite plusieurs notes!

Si un journaliste veut interviewer un porte-parole, expliquons-lui qu'il n'existe que des paroles libres et irréductibles. Les journalistes apprendront à entremêler des histoires et ne se contenteront plus d'une Histoire.

N'oublions pas que nos porte-parole causeraient notre perte. Quand on n'a pas de chef, on est puissant, car les chefs des autres ne savent plus à qui s'attaquer parmi nous (ou qui séduire ou faire chanter). Ils n'ont plus d'autres choix que de nous affronter tous ensemble. Crions « Tous pour tous » et jetons aux oubliettes le « Tous pour un ».

Mais prenons garde à l'intelligence de l'adversaire. Sa tactique sera de nous recentraliser, de faire émerger parmi nous des porte-parole, de désigner des représentants, de nous affubler d'une idéologie grossière pour mieux nous ridiculiser. À chacun de nous de ne pas tomber dans le piège, à refuser les invitations individuelles. « Vous voulez nous parlez, parlez-nous sur le Net, adressez-vous à nous tous, chacun de nous vous répondra à sa façon. Ne cherchez pas à nous réduire, à nous simplifier, nous sommes divers et complexes. »

6

Y'en a marre
des assemblées générales

Les manifestants se regroupent et font cercle. Ils parlent tour à tour comme dans les assemblées législatives. Ils cassent alors un des mécanismes de l'auto-organisation : la polyphonie.

Dans une pyramide, le chef ordonne et tout le monde reçoit en même temps sa parole comme si un orage venait d'éclater. Dans un réseau, des informations diverses circulent continûment, à la façon du sang dans nos artères ou des voitures dans une ville. Sans flux point d'auto-organisation.

Le flux unifie la société. Il lui donne vie. Il l'irrigue. Il la nourrit. Inutile d'attendre le grand soir, la manif du samedi après-midi, la messe du dimanche, la voix rassurante du présentateur. L'évènement se déroule maintenant, partout.

Plutôt que des assemblées, organisons des barcamps. Des grappes d'une dizaine de personnes se forment. De multiples débats coexistent, puis chacun des participants essaime vers d'autres grappes. Redisons ce que nous avons entendu, répétons une idée émise par un autre, argumentons-la autrement. Les messages se croisent, certains particulièrement puissants se renforcent, d'autres sans impact s'évanouissent.

Dans les assemblées, après les prises de paroles, le moment du vote arrive. « Êtes-vous d'accord sur ce qui a été dit ? »

Non !

Après un barcamp, il n'existe pas un point de vue univoque. Une musique commune berce peut-être chacun des participants, rien de plus.

Dans assemblée générale, il y a général, il y a chef, il y a l'idée de représentation, de hiérarchie. L'auto-organisation n'a plus besoin de ces oripeaux.

7

Y'en a marre
qu'ils décident pour nous

Les élus et les dirigeants justifient souvent leurs prérogatives par « Il faut bien que quelqu'un décide ! » Comme si quelqu'un, il y a quelques millions d'années, avait décidé de raser les singes pour les transformer en hominidés.

Une décision n'est pas nécessairement le fait d'un homme ou d'une femme en particulier. Lors d'un barcamp, une grappe peut avoir envie de faire une chose, d'autres grappes de faire d'autres choses. Aucune décision globale n'est prise.

Chacun, pénétré par la musique sociale, œuvre avec quelques autres. Ils ont pris une décision qui ne vaut que pour eux. Si leurs actes portent leurs fruits, leurs amis en prendront connaissance, ils les imiteront peut-être. Une décision locale, car née dans une grappe, se propagera et gagnera des adhérents, au point de devenir quasi globale. Aucun vote ni approbation générale n'aura été nécessaire. Pourtant, vue de l'extérieur, une décision aura été prise.

Les actions comme les paroles s'apprécient sur pièce, au fur et à mesure de leur propagation. Dans une organisation pyramidale, un responsable avançait une idée. Quand il ne l'imposait pas, il la soumettait au vote oui-non. Dans une organisation en réseau, n'importe qui peut mettre en œuvre ses propres idées. Si elles fonctionnent, elles gagnent du soutien.

Nous quittons la logique binaire du pour ou contre. Nous ne rêvons plus de l'accord général. Le consensus ne nous intéresse plus. Nous ne fermons aucune porte. La solution surgit souvent d'un endroit inattendu. Nécessairement imparfaite, elle ne révèle sa puissance qu'*a posteriori*. Personne ne peut prétendre la détenir *a priori* (surtout pas un expert).

La transparence apparaît comme nécessaire à la généralisation des initiatives locales. Si nous ne communiquons pas, nous n'avons aucune chance de provoquer une réaction en chaîne. L'auto-organisation doit s'appuyer sur un capital expérimental, une base de données de politique pratique ouverte à tous, un système de partage bâti grâce à des technologies open source.

La clandestinité ne profite pas à l'auto-organisation[8]. La clandestinité implique une forme de hiérarchisation. Œuvrer en secret pour le bien des autres, c'est décider pour eux, comme n'importe quel potentat, c'est prétentieux, irrespectueux, voire égoïste. De la même manière que nous parlons en notre nom, nous agissons pour nous. Si nos actions bénéficient à nos compagnons

---

8   L'important est que les actions soient publiques et transparentes, pas que les acteurs agissent à visage découvert.

de lutte, elles s'amplifieront. « Je cherche une solution locale, je ne cherche pas à régler tous les problèmes d'un coup de baguette magique. »

La transparence implique la visibilité, même aux yeux des adversaires politiques. Sortir du cadre légal ou user de la violence entraîne une réaction immédiate, parfois tout aussi immodérée. L'auto-organisation ne se déploie qu'avec la non-violence. Elle passe par la subversion, non par l'affrontement direct.

8

Y'en a marre
qu'ils nous traitent de fous

Utopiques seraient ceux qui prétendent se détourner du « commander et contrôler », un mode de fonctionnement qui a fait ses preuves alors que l'auto-organisation n'a jamais marché. Ils ont raison pour trois raisons.

1/ Jusqu'à peu, le niveau de complexité de nos sociétés bien que déjà grand se satisfaisait encore du modèle pyramidal. Il permettait à une poignée de privilégiés de tirer les ficelles aux dépens de la dignité de la majorité.

2/ L'auto-organisation n'a été comprise par les scientifiques qu'à la fin du XXe siècle quand les informaticiens ont réussi à la simuler pour la première fois. C'est une idée neuve.

3/ Ils ont alors découvert qu'elle ne devient spectaculaire que quand un grand nombre d'acteurs interagissent. Cette interaction implique la communication. L'auto-organisation à vaste échelle d'une société humaine n'est possible qu'avec internet.

Complexité relativement faible, incompréhension et manque de moyens de communication expliquent pourquoi l'heure de l'auto-organisation n'était pas venue.

Pour soutenir qu'elle ne surviendra jamais, les mauvais augures affirment que nous serions faits pour fonctionner sous l'autorité directe des chefs, trait que nous aurions hérité de la horde primitive. Si tel était le cas, nous serions incapables d'affronter la complexité. Nous serions condamnés à la décadence, c'est-à-dire à revenir à un état antérieur de notre histoire sociale. Or, comme l'avait déjà pressenti Teilhard de Chardin[9], la complexité ne cesse de s'accroître depuis le big bang. Nous apprenons à vivre avec elle. Nous évoluons, et nous pouvons influer sur cette évolution[10].

---

9   Depuis Eric Chaisson, astrophysicien à Harvard, a confirmé les travaux de Teilhard de Chardin. Il a étudié le flot d'énergie qui traverse chaque gramme d'un système par seconde et constaté qu'il évoluait exponentiellement. Galaxies, étoiles, planètes, plantes, animaux, cerveaux, sociétés… tour à tour gèrent des flots plus importants.

10 L'argument selon lequel l'évolution est lente n'est pas recevable. 1/ L'évolution peut être extrêmement rapide. 2/ Notre topologie cérébrale est plastique. Nous pouvons en quelque sorte nous reprogrammer socialement.

9

Y'en a marre
de passer pour des arriérés

Si les Tunisiens ont été les premiers à mettre en œuvre l'auto-organisation politique, les universitaires et les industriels l'ont discrètement déployée pour construire internet, puis le Web.

Le réseau découle de l'interconnexion d'une multitude d'initiatives, souvent redondantes ou concurrentes, militaires ou civiles, publiques ou privées. Personne n'a écrit un cahier des charges, un plan directeur, personne n'a supervisé de manière centralisée le développement du Net. Quand plusieurs réseaux ont coexisté, il a fallu les interconnecter, donc trouver un protocole commun.

Les concepteurs ont essayé de nombreuses technologies, pour la plupart écartées, mais certaines comme le Web se sont propagées. Les organismes de normalisation sont apparus après pour entériner les innovations et suggérer des pistes d'exploration, sans jamais imposer quoi que ce soit.

Des acteurs de tout horizon et de toute nationalité se sont auto-organisés, créant en quelques années le plus grand système jamais bâti par l'humanité. Dans le même temps, en France, l'approche pyramidale accouchait du Minitel, une impasse technologique.

L'auto-organisation n'est plus une utopie.

Les prophètes technophobes l'ont d'ailleurs compris. Ils critiquent internet, les réseaux sociaux, les blogs, la mobilité... avec un projet délibéré : nous devrions rendre nos armes, nous soumettre sans broncher.

Privés des technologies numériques, nous serions incapables de complexifier la société et d'en perturber le pilotage. Nous ferions les beaux jours des chefs en tout genre. Incapables de nous auto-organiser, nous leur offririons les moyens de resserrer leur emprise sur nous.

Le retour à la nature, c'est le retour à la dictature.

Mais prenons garde de ne pas communiquer à travers un seul canal à son heure facile à contrôler. Cultivons la diversité numérique. Évitons les passages obligés. Sachons les contourner si nécessaire.

Nous ne reconstruirons la société qu'avec les hackers.

Le hacker excelle dans les technologies qui peuvent être mises en œuvre sans infrastructure coûteuse, sans machines monumentales. Le hacker détient la puissance dont jadis seuls les industriels disposaient. Artisan technologique, il exerce ses talents en informatique, en mécanique, en génétique. Peu à peu, il conquiert tous les champs d'expertise.

Le monde devient réellement complexe quand les individus disposent d'autant de puissance que les armés. Alors plus rien ne nous empêche de travailler à nos rêves.

10

Y'en a marre
de travailler pour les banquiers

Certains parmi nous héritent de privilèges. Jadis c'était celui d'être noble, maître, esclavagiste, aujourd'hui, c'est le privilège de fabriquer de l'argent pendant que les autres travaillent pour le gagner. Quand nous confions 1 € à notre banque, elle en prête 10, parfois 20. Grâce à cet effet de levier, elle fabrique donc des euros *ex nihilo*! Les banques centrales se contentent de faire les comptes. En 1988, le prix Nobel d'économie Maurice Allais écrit :

« Par essence, la création monétaire *ex nihilo* que pratiquent les banques est semblable, je n'hésite pas à le dire pour que les gens comprennent bien ce qui est en jeu ici, à la fabrication de monnaie par des faux-monnayeurs, si justement réprimée par la loi. Concrètement elle aboutit aux mêmes résultats. La seule différence est que ceux qui en profitent sont différents. »

Ne persécutons pas pour autant les banquiers. La création monétaire est nécessaire au bon fonctionnement de la société. Quand nous lançons des services, produisons des films, publions des textes, nous ne dévalorisons pas les plus anciens. Nous enrichissons la société. Cet accroissement de valeur doit s'accompagner d'un surplus de masse monétaire.

Dans un monde pyramidal, cette création ne pouvait qu'être centralisée. Dans un monde en réseau, elle doit se distribuer entre chacun de nous (on parle de dividende universel ou de revenu de base). Les banques continuent à prêter de l'argent, mais elles n'ont plus le privilège d'en créer.

Comment réussir ce tour de force ? Comment faire disparaître la noblesse banquière ? Par la violence. Et après ? La revendication[11]. Et après ? Il n'existe qu'une solution : la reconstruction d'un autre système.

1/ Ne confier son argent qu'aux banques qui refusent la création monétaire[12].

2/ Limiter l'usage du crédit. Dans une société pyramidale, on grimpe, brille, domine, les possessions matérielles symbolisent la réussite. Dans une société en réseau, on communique, interagit, échange. L'argent est tout au plus un facilitateur.

3/ Utiliser autant que possible des monnaies alternatives qui proposent la création monétaire décentralisée.

---

11 Les puissants d'aujourd'hui ont gagné le pouvoir grâce aux financements de la création monétaire centralisée. Impossible de leur demander d'interdire cette dernière. Ils ne peuvent pas scier la branche sur laquelle ils trônent.

12 Il en existe dans la plupart des pays. La Nef en France.

Si nous appliquons cette stratégie, le système bancaire transitera vers l'auto-organisation. Nous n'avons pas à réclamer des têtes, juste à propager une prise de conscience. Mais ne soyons pas naïfs, les privilégiés se défendront jusqu'à la mort.

Nous aurons des alliés. Ne nous trompons pas d'objectif. Ne nous laissons pas enfermer par les idées reçues. Ne nous jetons pas sur les riches. Ne croyons pas que la taxation résoudra tous nos problèmes.

Un fait a longtemps été mal compris : posséder plus n'implique pas de prendre aux pauvres, mais de capter une part plus grande de la création monétaire. Plus on fabrique d'argent, plus on creuse l'écart entre les pauvres qui au mieux travaillent et les privilégiés qui bénéficient directement ou indirectement de la création monétaire.

Sans casser ce mécanisme, on n'a aucune chance de rééquilibrer la société. Plutôt que de plafonner les salaires (la fin des gros revenus n'entraînant pas la fin de la pauvreté), instaurons un dividende universel inconditionnel financé par la décentralisation de la création monétaire.

11

Y'en a marre
de se contenter de crier

Si nous nous disons contre une idéologie, nous la renforçons, ne serait-ce qu'en fédérant contre nous ceux qui la défendent encore. Être contre une chose moribonde, c'est en faire le jeu. Ne vaut-il pas mieux l'ignorer et passer outre ?

L'auto-organisation ne va pas contre. C'est une force de travail et d'action. Nous ne pouvons être contre quelque chose qui existe sur un plan idéologique étranger au nôtre. Un point d'une droite ne combat pas le point d'une autre droite. Il ne nous reste qu'à construire. Si nous jugeons une idéologie inappropriée, vivons peu à peu selon d'autres principes, dans un autre espace-temps.

Au début d'internet, les développeurs n'ont pas abandonné le courrier postal et n'ont pas débranché leurs téléphones. Les nouvelles habitudes s'installent à leur rythme. Les actions auto-organisées commencent lentement, piétinent, puis, une fois un seuil franchi, elles épousent une progression exponentielle que plus personne ne peut interrompre.

L'auto-organisation exige patience et confiance.

Apparemment, au moins trois raccourcis existent.

1/ On demande au pouvoir de répondre à nos exigences. En théorie, il pourrait agir vite, par ordonnance. En pratique, il ne réglera aucun des problèmes induits par la structure pyramidale de la société dont il est lui-même un des garants.

2/ Comme les anarchistes espagnols en 1936, on détruit ce qui ne nous plaît pas. Après, il ne reste qu'un champ de ruines où les structures de pouvoir les plus promptes à ressurgir seront celles qui conservent d'anciennes racines (d'autant que la destruction a simplifié la société au point où la dictature apparaît comme le régime le plus efficace).

3/ On prend le pouvoir, on se coule dans les structures préexistantes pour les réformer de l'intérieur. Malheureusement, ces structures écrasent les hommes et les femmes les plus volontaires et elles les pervertissent.

Ces raccourcis conduisent à ce que rien ne change malgré quelques illusoires promesses. En politique, la ligne droite n'est pas le plus court chemin.

Prenons plutôt conscience de notre progression : nous sommes déjà pour une grande part auto-organisés ! Le trafic routier, la forme des villes, les flots de piétons dans les métros... Un Président directeur général ne chapeaute pas chacun des secteurs de notre vie. Sur cette base, lançons-nous, levons les derniers verrous, accélérons le processus de transition.

L'auto-organisation ne peut naître que dans l'ancienne société pyramidale (elle boote à l'intérieur : elle utilise le code existant pour en installer un nouveau[13]). Elle la subvertit peu à peu en même temps que la complexité s'accroît.

Respectons le droit, tout en inventant des droits nouveaux et dépendants des communautés. Quand ces droits se heurtent, comme c'est déjà le cas entre pays, cherchons des compromis, imaginons un droit unifié (du type des droits de l'homme). Ainsi un nouveau droit général émergera et se substituera à l'ancien, sans que ne se produise de béance juridique ou législative[14].

Prenons garde toutefois de ne pas désigner une assemblée constituante pour écrire les règles canoniques de notre société. Si l'assemblée est peu nombreuse, sa simplicité structurelle favorisera en son sein l'autoritarisme, donc des décisions contraires à l'auto-organisation. Les membres de l'assemblée légiféreront pour leur profit ou celui de leurs amis. S'ils ont été élus, ils sont déjà les représentants de structures partisanes, donc empêtrés définitivement dans le modèle pyramidal. Le tirage au sort permet d'échapper à ce piège, mais il doit être associé à une assemblée de plusieurs milliers de personnes. En vérité, il semble préférable d'ouvrir l'assemblée à toutes les bonnes volontés.

---

13 Dans une société simple, après une guerre ou un pogrom, le climat n'est pas propice à l'auto-organisation. Elle a besoin de la société pyramidale qui produit de la complexité, complexité qui pousse vers une nouvelle forme de société.

14 Comme n'importe quelle autre solution, le droit doit être expérimenté, puis généralisé s'il fait ses preuves. Une loi n'est ni plus ni moins qu'une règle qui facilite l'auto-organisation.

Écrire une constitution exige beaucoup de travail, seuls les plus valeureux auront un impact sur elle. L'assemblée constituante n'a pas besoin d'être désignée, elle se constituera elle-même du moment que son idée a été acceptée.

Elle reste nécessaire. L'auto-organisation ne rime pas avec anomie : absence de lois. Une multitude ne peut s'auto-organiser que si les acteurs respectent des règles : interconnexion, transparence, polyphonie, refus de la représentation, barcamp... autant de principes de travail mis en œuvre tout au long de l'histoire d'internet puis du Web. À ces règles pratiques, s'ajoutent des règles particulières qui dépendent des objectifs de la communauté. Elles s'inventent en même temps que les essais et les erreurs se multiplient.

12

Y'en a marre
d'étudier sans travailler

Le déploiement d'internet nous a révélé la puissance de l'auto-organisation, cette forme d'organisation sociale tournée vers l'action pratique. Dès qu'une foule de plus d'un millier d'hommes et de femmes se rassemble, il est temps de s'entraîner[15]. Pour montrer notre bonne volonté, commençons par des gestes concrets au quotidien : servir des repas gratuits, nettoyer des rivières ou des plages, cultiver des jardins partagés, monter des spectacles, tenir des universités au centre des villes, rénover des bâtiments publics délaissés[16], accepter le paiement en monnaies alternatives...

L'argent n'étant alors plus rare puisque les banques n'ont plus le privilège de le créer, le travail devient lui-même abondant. Le chômage n'avait pour but que d'entretenir la peur. À cause de cette épée de Damoclès au-dessus de nos têtes, nous nous sommes persuadés que seuls quelques nantis, les salariés, changeaient le

---

15 Les tenants des structures pyramidales, dans un sursaut de résistance, risquent d'interdire les rassemblements, de peur que l'auto-organisation se mette en place.

16 En capitalisant sur l'expérience d'Urban eXperiment.

monde, et encore dans les conditions particulières d'un système monétaire unifié. Quelle étrange idée ? Comment avons-nous fait pour y croire aussi longtemps ?

Nicolas Auray, le sociologue des hackers, écrit[17] :

« Les nouvelles technologies internet se sont constituées en donnant la prééminence à l'*expérimentation* sur l'intériorisation, aux *tâtonnements incertains* sur les apprentissages formels, au *jeu* et au *défi* sur l'examen scolaire. Elles ont ainsi structuré des communautés *sceptiques*, ouvertes et curieuses. »

Nous devons devenir hacker. Transformer la société par jeu, guidés par le plaisir, l'envie d'explorer et d'éprouver les possibilités qu'offre le monde. Nous ne sommes plus limités, rangés dans des cases, accrochés à des rails qui nous mènent sans escale à la mort. Nous empruntons des voies de traverse. Zigzaguons. Serpentons. Allongeons le trajet pour que notre vie nous paraisse plus intense.

Auray ajoute :

« L'excitation pour l'incertain, pour l'incertitude, pour le défi, pour le hasard, fournit des motifs puissants dans des situations d'affaiblissement de l'intérêt pour la chose publique. »

Il ne s'agit pas tant d'un désintérêt pour la chose publique que d'un désintérêt pour *leur chose publique*. Une autre société s'invente pendant que l'ancienne se délite. Elle n'a plus qu'un attrait archéologique. Comme toute nouvelle civilisation, usons des vestiges pour construire nos villes.

---

17 Les technologies de l'information et le régime exploratoire, 2011.

13

Y'en a marre
de la volonté de contrôle

La centralisation introduit des goulets d'étranglement, des barrages contre la complexité, des octrois où nous devons payer des droits de passage et où il est facile de superviser nos transactions (et nos déplacements). Si les villes ne sont plus entourées de bureaux de douane où nous devons nous acquitter de la gabelle, de nouveaux postes-frontière ont ressurgi, chacun bridant l'auto-organisation.

Exemples : il y a un provider entre nous et le Net, un supermarché entre nous et les producteurs, un banquier entre nous et les créditeurs (ils ont même réussi à nous persuader que nous avions besoin de toujours plus d'argent, ce qui est un merveilleux coup marketing puisque leur métier est de nous en prêter[18]). Sous prétexte de nous simplifier la vie, ces intermédiaires innombrables n'ont fait souvent qu'en réduire les possibilités.

Nous devons apprendre à les contourner.

---

18 Dixit l'ancien ministre de l'Économie argentin, Roberto Lavagna.

Avant nous accédions au Net par des providers. Réponse : libérer des fréquences radio pour que nous interconnections nos Wifi.

Avant quelques institutions identifiées généraient l'argent. Réponse : dividende universel et microcrédit.

Avant des entreprises offraient du travail dans des usines coûteuses et polluantes. Réponse : l'artisanat high-tech (micro-informatique, imprimantes 3D, bio-ingénierie domestique...[19]).

Avant des centrales produisaient l'énergie à partir de matières fossiles extraites de mines dûment répertoriées et défendues par des fils barbelés. Réponse : électricité solaire produite sur chaque toit, et autres solutions du même type à inventer.

Avant des éditeurs sélectionnaient les œuvres et les commercialisaient, c'est-à-dire les protégeaient pour maximiser leurs revenus. Réponse : autorisation de la libre copie.

Avant des médias nous informaient. Réponse : blog, Wiki, forum...

Cette liste pourrait s'étendre à bien des domaines, mais prenons garde. Si les nouvelles technologies nous aident à ouvrir des chemins de traverse, elles ne nous protègent pas mécaniquement des octrois et de la volonté de contrôle : les centrales photovoltaïques se dressent entre nous et l'énergie, les moteurs de recherche entre

---

19 Comme la micro-informatique a donné à tous la puissance de calcul et de communication des États et des entreprises, les imprimantes 3D offrent à tous la puissance de l'outil industriel. Une nouvelle révolution technologique est en cours.

nous et les informations, les réseaux sociaux entre nous et les autres, les agrégateurs de contenu entre nous et les auteurs.

À tous les problèmes, il existe des solutions centralisées qui offrent le contrôle et la puissance à des privilégiés et des solutions décentralisées qui mettent chacun de nous à égalité. Leur succès respectif ne dépend que de nous. Ne nous laissons pas abuser par l'argument fallacieux de la rentabilité ou de l'optimisation. Au même titre que les chefs, les intermédiaires se sont toujours efforcés de nous persuader que sans eux nos vies seraient infernales.

En vérité, sans eux, notre contrôle devient beaucoup plus difficile.

14

Y'en a marre
de la rareté pas drôle

Peu d'argent, car accaparé par ses émetteurs, peu de travail, car concédé au prix de remerciements et ronds de jambe après soumission d'un CV, peu de biens, car par manque de travail on manque d'argent, peu de culture, car interdiction de copier les œuvres sous prétexte de protéger leurs auteurs, peu d'énergie, car refus d'exploiter celle gratuite et quasi inépuisable du soleil, peu de représentativité, car accaparée par quelques apparatchiks, peu d'information, car elle est source de pouvoir, peu de reconnaissance, car elle est source de bonheur, peu de bonheur, car il permet de se moquer de tout le reste, peu de liberté, car elle autoriserait de créer de l'argent, d'offrir du travail, de s'affranchir des sources d'énergie fossile, de faire circuler les œuvres...

La rareté, aussi appelée austérité par les économistes, est corollaire de la volonté de contrôle.

Basculer vers l'abondance (monétaire, culturelle, énergétique...), c'est accepter l'explosion de la complexité, c'est reconnaître les vertus de l'auto-organisation.

À partir de ce moment, nous ne pouvons plus nous différencier des autres par ce que nous possédons ou par le pouvoir que nous exerçons, mais par ce que nous sommes, c'est-à-dire par ce que nous lisons, pensons, aimons, rêvons... Dans un monde d'abondance, seul l'être importe, et les artistes[20] deviennent notre nourriture énergétique première (et le dividende universel facilite leur condition de vie et de création).

La notion de classes sociales, en tout cas définie sur les anciens critères monétaires, explose. Chacun de nous ne ressemble plus à aucun autre. Nous sommes tous singuliers, irréductibles, individués. Les êtres aussi deviennent abondants. Nous ne formons plus une armée de clones aux mouvements prédictibles. Nous échappons à toute marchandisation, à toute grégarisation.

---

20 J'entends « artiste » au sens large. Le mot qualifie les créateurs, tous ceux qui ont un geste à eux, des artisans aux philosophes sans oublier les scientifiques et les techniciens. Je l'oppose à ceux qui vivent du management de nos vies, de notre temps, de nos finances...

15

Y'en a marre
de consommer stupidement

Quand notre monde ne nous plaît pas, nous le changeons de l'intérieur. Nous ne le détruisons pas en déchaînant la violence, mais en l'occupant, en transformant chaque coin public en un espace citoyen.

Plutôt que consommer les produits issus d'une industrie irraisonnée, nous nous tournons vers nos propres créations et boycottons celles produites selon des méthodes que nous réprouvons. Quand la nuit nous nous retrouvons sur une place, nous boycottons leurs divertissements et inventons les nôtres.

Étendons le boycott aux élections qui n'amènent au pouvoir que les partisans du modèle pyramidal, aux manifestations récupérées par les partis ou les syndicats, aux médias unidirectionnels, incapables de donner la parole à la diversité du « Tous pour tous. »

Ne nous laissons pas tenter par la grève générale, elle aurait pour effet un effondrement du régime qui entraînerait une reprise en main par un autre régime. Au contraire, rendons nos alternatives de plus en plus attractives. Envisageons la transition plutôt que la rupture.

Ne nous supposons pas majoritaires, conten-
tons-nous de donner l'exemple. Si nous sommes plus
heureux, les sceptiques se joindront à nous.

Sur les places, nous nous parlons, ailleurs ils ont
oublié de se parler. Nous n'avons pas d'autres armes
que nos mots. Nous nous saisissons de la liberté déjà
gagnée pour en conquérir davantage.

16

Y'en a marre
de croire aveuglément

L'auto-organisation n'est pas une idéologie, mais un mécanisme physique et social. Nous n'avons pas à croire en elle, pas plus qu'en la gravité. Nous ne pouvons que constaté que cette force existe, et comme pour la gravité nous devons en comprendre le fonctionnement, notamment un de ses effets pernicieux : le winner-take-all, c'est-à-dire pourquoi sur un réseau quelques nœuds prennent systématiquement le dessus sur les autres, pourquoi des centres de puissances et de richesses apparaissent, pourquoi les organisations transversales finissent par se verticaliser, pour que finalement tout redevienne comme avant.

En math, un réseau est un graphe qui interconnecte des points. La carte du réseau, sa représentation, est en même temps le réseau. Par exemple, si on prend internet, les câbles qui relient les serveurs deviennent les traits sur la carte et les serveurs les points. Nous autres sommes des points d'un réseau social interconnectés par les liens que sont nos relations d'amitié, de travail, de transaction.

On décrit les différentes formes possibles des réseaux sociaux en parlant de leur topologie. Dans un réseau centralisé, tous les acteurs sont connectés à un acteur central, le hub ou nœud du réseau. La carte ressemble à une étoile, voire à un arbre ou à un organigramme quand de nouvelles étoiles poussent à l'extrémité des branches initiales. On retrouve cette structure dans beaucoup d'entreprises.

À l'opposé du réseau centralisé, on a le réseau distribué. Sa carte ressemble à un grillage, chacun des nœuds étant connecté aux nœuds voisins par un nombre sensiblement égal de liens. Le meilleur exemple est le réseau routier : les agglomérations sont connectées aux agglomérations voisines, avec quelques axes transversaux qui lient les grandes villes.

Entre les réseaux centralisés et les réseaux distribués, on a les réseaux décentralisés. Il faut imaginer des centaines, voire des millions de réseaux en étoile dont les hubs sont interconnectés entre eux. Voici à quoi ressemble internet ainsi que nos réseaux sociaux.

Quand on étudie les peuples premiers, il semble qu'ils se structurent soit en réseaux centralisés, avec un chef à la tête du groupe, soit en réseaux distribués, où tout le monde est plus ou moins connectés avec tout le monde, selon une structure très démocratique, très horizontale.

Les réseaux décentralisés ne sont apparus qu'avec la sédentarisation, en même temps que les structures sociales se complexifiaient. Ainsi la décentralisation accompagne la complexification. Les corps de métier se forment parallèlement aux structures administratives et militaires, chaque fois avec leurs chefs, leurs hiérarchies, qui font apparaître autant de réseaux en étoile entrelacés. Avec la spécialisation et la décentralisation, l'intelligence collective augmente, ce qui explique le succès des réseaux décentralisés, ce qui explique la possibilité et la nécessité de nouvelles formes d'organisation sociale et d'actions politiques.

Mais prenons garde. Plus un nœud possède de connexions, plus il est lourd, plus il attire à lui de nouvelles connexions. Ainsi sur un réseau décentralisé, des nœuds deviennent plus gros que tous les autres, concentrant un nombre faramineux de connexions, et de fait ils recentralisent le réseau, donc limitent l'intelligence collective. C'est ce que nous appelons le winner-take-all.

Toute organisation décentralisée est en danger d'être recentralisée, tout mouvement ouvert est susceptible d'être récupéré. Pour éviter cet effondrement gravitationnel, il faut gouverner le réseau, le réguler, ce qui n'a pas été fait sur le Net, ce qui n'a pas été fait en Tunisie, ce qui n'a encore jamais été fait. Si nous aspirons à vivre dans des structures transversales et durables, nous devons penser leur gouvernance, c'est un paradoxe. L'auto-organisation n'est viable qu'avec une forme d'État, en cela elle se différencie de l'anarchie. Quelle doit être la forme de cet État ? Ce n'est que par l'expérimentation qu'une solution émergera.

17

...

C'est une certitude : dans trois heures le soleil explosera. Les uns se tiennent immobiles au bord de la mer, les yeux perdus dans l'infini ; les autres n'ont pas cessé de se quereller et de s'accuser de leurs maux. Les uns approchent du sommet de la montagne, dans la neige éblouissante ; les autres s'enivrent et dansent. Les uns pleurent ou tremblent de panique ; les autres rêvent encore de tomber amoureux. Les uns acceptent leur destin, les autres ne veulent pas le regarder en face. Ils attendent sans y croire l'apocalypse. Pour eux, le lendemain ressemble nécessairement aux jours d'avant.

Remerciements

J'ai écrit la version initiale de ce texte en 2011 alors que je m'étais déconnecté d'internet pour me soigner d'un burn-out numérique. Le dessinateur Didier Millotte m'a parlé du mouvement Ya Basta en Espagne, il m'a entraîné à Montpellier sur la place de la Comédie, il m'a donné envie de résumer mes idées au sujet de l'auto-organisation. Michel Negrell m'a révélé le lien possible entre la révolte tunisienne et Spinoza. François Bon a accepté de publier ce texte sans que je sois capable de le propulser moi-même sur le réseau. En avril 2016, je le complète d'un avant-propos inspiré par le mouvement #NuitDebout. En décembre 2018, je le relis au moment du mouvement des Gilets Jaunes, que je suis de très loin depuis la Floride, ajoutant le chapitre sur le winner-take-all, un phénomène qui me fait de plus en plus peur.

Imprimé le 6 décembre 2018